उल्लेख

शाम्भवी सिंह

"ये पुस्तक मैं अपने माता पिता को समर्पित करती हूँ| उनके योगदान के बिना इसे प्रकाशित करना नामुमकिन था "

क्रम-सूची

भूमिका

उल्लेख का शाब्दिक अर्थ होता है *लिखना या वर्णन करना* , और पाठकों को इस पुस्तक में भिन्न-भिन्न विषयों पर लिखी कविता पढ़ने का आनंद मिलेगा| "उल्लेख" एक ऐसी पुस्तक है जिसकी रचनाओं को पढ़ कर पाठक खो जाते हैं| २१ कविताओं की इस पुस्तक में हर एक रचना मन को रौंद देती है| शब्दों की उलझन और अर्थों की गहराई को लेखिका ने काफी अच्छे से दर्शाया है| "उल्लेख" को लिखने की प्रेरणा लेखिका को "महादेवी वर्मा" से मिली है| "महादेवी वर्मा" भारत की प्रसिद्ध कवयित्रियों में से एक हैं |लेखिका चाहती थीं कि उनकी कविताएँ भी लोगों तक पहुँचे और लोग उसे पढ़ कर आनंद ले सकें| लोगों तक अपने मन की बात पहुँचाने का ज़रिया लेखिका ने "उल्लेख" को चुना| इस पुस्तक में लिखी प्रत्येक कविता के माध्यम से लेखिका समाज को सकारात्मक संदेश पहुँचाना चाहती हैं|

1. कलियुग की कृष्ण

ये युग द्वापर नहीं
कलियुग है,
सखी तुम ये
क्यों भूल जाती हो?
यहाँ द्रौपदी और कृष्ण
दोनों तुम ही हो,
सखी तुम ये
क्यों भूल जाती हो?
यहाँ तुम्हारे वस्त्र को
जब लूटा जाएगा,
मनुष्य अपने मोबाइल
में वीडियो बनाने लग जाएगा।
लाइक्स और कमेंट्स
की भूख में,
वो तुम्हें बचाना
भूल जाएगा।
सोशल मीडिया पे तुम्हारा वीडियो
ज़रूर अपलोड किया जाएगा,
कैप्शन में "फीलिंग सैड"
भी लिखा जाएगा |
देखते ही देखते तुम्हारा वीडियो
वायरल हो जाएगा,
लेकिन सखी,

तबतक तुम्हारा बदन लूट जाएगा।
व्यूज़ के लिए तुम्हारे इज़्ज़त का
इस्तेमाल किया जायेगा,
तुम दर्द में भले ही
तड़पती रहो,
चीखती रहो ,
मदद की गुहार
लगती रहो,
लेकिन एक भी इंसान
तुम्हें बचाने आगे नहीं आएगा।
इसीलिए सखी कहती हूँ कि,
यहाँ द्रौपदी भी तुम हो,
और कृष्ण भी तुम हो।
अपनी सुरक्षा के लिए ,
ज़िम्मेदार तुम हो।
बतीमीज़ी हो तुम्हारे साथ,
तो हथियार तुम हो।
समाज में कुछ ग़लत हो,
तो न्याय की आवाज़ तुम हो।
बिन इजाज़त कोई छुए तुम्हें,
तो तोप की दीवार तुम हो।
तुम्हारे बदन पर
कोई आँच आये
तो सखी याद रखना
श्री कृष्ण भी तुम हो।

2. एक मोहब्बत ऐसी भी

जाना तुम्हें तो मुझसे
मोहब्बत थी ना,
फिर तुम कैसे
मेरे ख़िलाफ़ जा
मेरे बदन का
भोग लगा रहे हो ?
तुम मुझसे इश्क़
कर रहे हो
या अपने हवस की
भूख मिटा रहे हो ?
ख़ुद को बतलाते तो
तुम कृष्ण हो ,
और मेरा संबोधन
राधा से तुम करते हो |
इसलिए मुझे लगा मुझसे
पाक मोहब्बत तुम करते हो,
लेकिन जाना तुम तो
मेरे बदन से प्रेम करते हो|
जाना मुझे एक बात बताओ,
कि क्यों तुम मुझसे
इतना झूठ बोलते हो?
तुम प्रेमी नहीं
एक हवसी हो,

और शोषण तुम
प्रेमिकायों का करते हो।
ये बात तुम आख़िर
स्वीकार क्यों नहीं करते हो?
जाना आख़िर क्यों तुम
मुझसे ये सच नहीं बतलाते हो?
मेरे ना बोलने के बावजूद,
तुमने मेरे शरीर को रौंद दिया ।
मैं चीखती रही
चिल्लाती रही,
पर फिर भी
तुमने मेरे शरीर का आनंद लिया ।
तुमसे इश्क़ करने का क्यों तुमने
मुझे इतना घिनौना दंड दिया?

3. कलियुग का दानव

मनुष्य के रूप में जन्मा,
वो कलियुग का दानव है|
अपनी हवस की भूख
मिटाने के लिए,
जिसने एक बेटी के
जिस्म को लूटा,
वो कलियुग का दानव है |
सर पे उसके सिंग
तो नहीं है,
शक्ल सूरत से बिल्कुल
इंसानों सा लगता है|
लेकिन बेगुनाहों का
क़तल वो करता है,
मनुष्य के रूप में जन्मा
वो कलियुग का दानव है|
हाथों में उसके
शस्त्र नहीं है,
माता पार्वती का
पूजन वो करता है|
लेकिन अपनी धर्म पत्नी
पे हाथ वह उठाता है,
मनुष्य के रूप में जन्मा
वो कलियुग का दानव है|

जन्म तो उसने माँ
के कोख से लिया है,
पिता के कंधों पे बैठ
उसने भी खेला है|
लेकिन बूढ़े माँ बाप को
वृद्धाश्रम वह छोड़ आया है,
मन्यूष के रूप में जन्मा
वो कलियुग का दानव है|
सीने में उकसे दिल भी है,
जो धड़कता बिलकुल
आम इंसानों जैसा है|
लेकिन गौ हत्या का
सम्मान वो करता है,
मनुष्य के रूप में जन्मा
वो कलियुग का दानव है|
मंदिर में दान -पुण्य
भी वो करता है,
भगवान के आगे शीश
वह भी झुकाता है|
लेकिन मासूम बच्चों
का अपहरण वो करता है,
मनुष्य के रूप में जन्मा वो
कलियुग का दानव है |
पढ़ा लिखा वो ज्ञानी भी है,
खुदको बहुत धार्मिक
वो बतलाता है|
लेकिन अधर्म के रास्ते पे

वो चलना भूल नहीं पाता है,
मनुष्य के रूप में जन्मा वो
कलियुग का दानव है।

वो चलना भूल नहीं पाता है,
मनुष्य के रूप में जन्मा वो
कलियुग का दानव है।

4. शादी या सौदा?

पापा तुम बेटी ब्याह रहे हो
या मुझे बेच रहे हो ?
अपनी उम्र भर की कमाई
क्यों उस दरिंदे को सौंप रहे हो?
इंसान हूँ कोई चीज़ नहीं जो तुम
मुझे पैसों से तोल रहे हो,
पापा तुम बेटी ब्याह रहे हो
या मुझे बेच रहे हो ?
तुम्हें पता है न दहेज देना गुनाह है
फिर क्यों ये अपराध कर रहे हो?
ज़िंदगी भर ईमानदारी
का पाठ पढ़ाने वाले तुम
आज क्यों ख़ुद को गुनाह
के राहों में ढकेल रहे हो?
पापा तुम बेटी ब्याह रहे हो
या मुझे बेच रहे हो?
तुमने मुझे पढ़ाया लिखाया ,
ख़ुद कमा सकूँ इस काबिल बनाया |
तो अब क्यों मुझे नोटों
के साथ भेज रहे हो?
पापा तुम बेटी ब्याह रहे हो
या मुझे बेच रहे हो?
मैं तो तुम्हारी अमानत थी ना,

फिर तुम कैसे मेरी कीमत लगा रहे हो?
आखिर क्यूँ तुम मुझे चंद
रुपइयों में मोल रहे हो?
पापा तुम बेटी ब्याह रहे हो
या मुझे बेच रहे हो?
माँ के सोने के कंगन,
तुम क्यों मुझे सौंप रहे हो?
मेरा ससुराल में बसाने के लिए घर
तुम क्यों पुश्तैनी मकान बेच रहे हो ?
पापा तुम बेटी ब्याह रहे हो
या मुझे बेच रहे हो?

5. क्यूँ माँ?

अभी तो आखें
खुली नहीं थी,
इन आखों को
दुनिया दिखी नहीं थी।
उँगली पकड़ कर
चलना बाकी था,
तोतले आवाज में
मम्मा बोलना बाकी था।
तेरी आँचल में छुप कर
रोना बाकी था,
तेरी लोरी की बोल सुनके
सोने बाकी था।
गलती करने पे
पिटाना बाकी था,
चॉकलेट छुप- छुप कर
खाना बाकी था।
खिलौनों की ज़िद
करना बाकी था,
स्कूल- कॉलेज जाके
पढ़ना बाकी था।
इस बिटिया का कलेक्टर
बनना भी बाकी था,
माँ तुझे गर्व महसूस

कराना बाकी था।
पैरों पे पायल पहन
घूमना बाकी था,
आईने के सामने शृंगार
करना बाकी था।
शहर से बाहर जा जॉब
करना बाकी था,
इस घर की हर खुशी और गम में
शामिल होना बाकी था।
पापा के बूढ़ी कंधों का
सहारा बनना बाकी था,
बेटी हूँ पर बोझ नहीं,
दुनिया को साबित करना बाकी था।
अपने घर से पिया के घर
जाना बाकी था,
सुहागन होने का सुख प्राप्त
करना बाकी था,
माँ ये दुनिया कितनी पापी है
ये जानना बाकी था।
लेकिन तूने मुझे हर चीज से
दूर कर दिया ,
जन्म लूँ उसके पहले ही
खत्म कर दिया।
तूने ऐसा क्यूँ किया माँ?
धड़कता तो दिल मेरा
अंदर भी था,
सांस तो मैं तेरे कोख में

भी लेती थी।
इस नन्ही जान को भूख
उस वक्त भी लगती थी,
प्यार तो मैं तुझसे
तब भी करती थी।
पर तूने क्यूँ नहीं
रखा इसका भरम?
आखिर क्यूँ इस नन्ही जान
को कर दिया खत्म?
मेरी गलती क्या थी बता दे मुझे,
क्या मैं लड़की थी,
बस इस बात की सज़ा मिली मुझे?

6. ख़्वाब

भले ही हक़ीक़त में
हम बात नहीं करते,
लेकिन ख़्वाबों में आना
बंद मत किया करो |
भले ही तुम्हारे दीदार को
आखें तरस जाती हैं,
लेकिन स्वप्न में मोहब्बत
करना बंद मत किया करो।
भले ही तुम्हारे आवाज़
सुनने को कान तरस जाते हैं
लेकिन ख़्वाबों में मीठे बोल
बोलना बंद मत किया करो।
भले ही असल ज़िंदगी में
नाराज़ हो तुम,
कम से कम सपने में
रास रचाना बंद मत करो।
थक गई हूँ तुम्हें सपने में
महसूस कर कर के,
कभी तो ख़्वाबों से निकल कर
बाहों में भर लिया करो।
लोग कहते हैं सुबह के
सपने सच होते हैं,
कभी तो सपनों ने निकल कर

मेरे सात समय व्यतीत कर लिया करो।
राधा की तरह
दीवानी हो गई हूँ,
कभी तो कृष्ण की तरह
इश्क़ कर लिया करो।
एक तरफ़ा ये जो
मोहब्बत है मेरी,
कभी तो उसे स्वीकार
कर लिया करो।
मेरे लिए तो तुम
सबकुछ हो मेरा,
कभी तो तुम मुझे जान कह कर
पुकार लिया करो।

7. सीख

ऐ साथी, तू अकेले चलना सीख,
झुंड से नहीं, तू खुद से लड़ना सीख।
दूसरों के भरोसे न रह,
खुली आखों से देखना सीख।
चार दीवारी में कैद ना हो,
खुली आसमान में उड़ना सीख।
इश्क़ ना कर गैरों से,
खुद से मोहब्बत करना सीख।
रास्ते में काटे बहोत है मगर,
तू उन काटों से बचना सीख।
समाज के अन्यायों को तू ना सह,
तू न्याय के लिए आवाज उठाना सीख।
अपने अतीत को भूल कर,
तू ज़िंदगी में आगे बढ़ना सिख।

8. मुझमें आया बदलाव

खुदको मैंने
बदल दिया है,
ना जाने क्यूँ
बस बदल दिया है।
नहीं दे पाती मैं जवाब
इस समाज को,
की आखिर मैंने
ऐसा क्यूँ किया है।
मैं थी लोगों से
गुफ्तगू करने वाली,
लेकिन, अब अकेली ही
दौड़ रही हूँ।
हमेशा होंठों पे मुस्कान
रखने वाली मैं,
अब बंद कमरे में बैठ
घंटों रो रही हूँ।
बाजारों में अक्सर
घूमने वाली मैं,
अब चौखट तक नहीं
लांघ पा रही हूँ।
लोगों को अक्सर
हँसाने वाली मैं,
अब आखों से सिर्फ

अश्रु बहा रही हूँ|
शृंगार कर पूरे मोहल्ले
में सैर करने वाली मैं,
अब आईने के समीप
जाने से भी डर रही हूँ|
स्कूटी से पूरे शहर को
रौंद देने वाली मैं,
अब घर के चार दीवारी में
कैद हो चुकी हूँ|
इस संसार में अब कभी
सम्मान नहीं पाने वाली मैं,
ऐसे घटिया रैपिस्ट की शिकार
हो चुकी हूँ|
अपने चेहरे की रौनक अब
वापस नहीं पा सकती मैं,
ऐसे तेजाब से जल चुकी हूँ|
बिना गलती किए भी
सज़ा भुगत रही मैं,
ऐसे तुच्छ व्यक्ति के पापों
का पश्चाताप कर रही हूँ|

9. अकेलापन

पिछले कुछ दिनों से,
अकेले रहना मुझे भाने लगा है|
दोस्तों के साथ गुज़रता हर पल,
मुझे सताने लगा है|
जितनी गहरी दोस्ती,
उतना ही अब मतभेद होने लगा,
रिश्तेदारों के साथ भी,
मेरा रिश्ता अब डगमगाने लगा है|
ना जाने क्यूँ पर मौन रहना,
मुझे आनंद देने लगा है,
ज़ुबां से निकला हर शब्द,
अब मुझे चुभने लगा है|
दूर उन सितारों के पास,
जाने का मन मेरा होने लगा है|
उन करोड़ों तारों की,रौनक,
बढ़ाने का लोभ मुझे होने लगा है|

10. स्कूल का आखिरी दिन

ऐ स्कूल सच बता,
आज खुश तो
बहोत होगे न तुम?
आखिर कल से
हम बच्चों का
शोर जो होगा गुम।
लेकिन सुनो,
भले ही हम नाशिपिटे
जा रहे हैं,
लेकिन अगले साल बदमाशी में
पीएचडी कीये बच्चे आ रहे हैं।
देखो न आज सारे अध्यापक,
हमें खुशी-खुशी विदाई दे देंग।
पर स्कूल तुम बताओ
आखिर कैसे हम ये जुदाई सहेंगे?
हमें तो अपना पूरा बचपन
यही है गुज़ारा,
तुम्हें याद भी है
कितना पुराना रिश्ता है हमारा?
जब भी हम क्लास को
दोस्तों के साथ बंक करते थे,
कॉरिडर में खड़े शिक्षक,
हमें डांट दिया करते थे।

असेंबली में गंदे जूतों को,
हम मोजे में रगरते थे |
और कैन्टीन में एक निवाले
समोसे के लिए हम झगरते थे|
खैर अब फायदा क्या है
इन बातों को याद करने से?
हमेशा के लिए अब हम
विदा हो जाएंग,
आज आपके
इस फेर्वेल देने पे|

11. जश्न या शोक?

मैं अपने विधवा होने का
शोक मनाऊँ?
या अपने शहीद पति के
अमर होने का जश्न?
मेरा सुहाग मुझसे छिन्न गया,
इसका शोक मनाऊँ?
या अपने शहीद पति के
अमर होने का जश्न?
गले से मंगल सूत्र उतर गया,
इसका शोक मनाऊँ?
या अपने शाहिद पति के
अमर होने का जश्न?
प्रेम पत्रों का अब जवाब नहीं आएगा,
इसका शोक मनाऊँ?
या अपने शहीद पति के
अमर होने का जश्न?
त्योहारों में भी वो घर नहीं आयेंगे,
इसका शोक मनाऊँ?
या अपने शहीद पति के
अमर होने का जश्न?
मेरे बच्चे अब अनाथ हो गये,
इसका शोक मनाऊँ?
या अपने साजन का देश पे

न्योछावर होने का जश्न?
मेरी सास पुत्र हीन हो गयीं,
इसका शोक मनाऊँ?
या अपने साजन का देश पे
न्योछावर होने का जश्न?
मेरे शौहर को मिल रहे सम्मान
का जश्न मनाऊँ?
या उनसे सैदाव के लिए
बिछड़ने का शोक?

12. कैसे करूँ?

जो रिश्ता हमें
साथ निबाहना था
उसका तो नींव
ही भरोसा था ना?
अब जो तुमने
उसे तबाह कर दिया है
तो अब आशियाँ
कैसे खड़ा हो?
जिस मंज़िल पे
हमें साथ पहुँचना था
अब उसकी राहें
तय अकेले कैसे करूँ?
जन्मों तक साथ
निभाने का जो वादा था
तुमने उसे तोड़ दिया
कैसे मैं यह स्वीकार करूँ?
जिससे घंटों मैं
बातें किया करती थी
अब कैसे उसकी
चुप्पी स्वीकार करूँ?
तुमसे मीठे बोल
सुनने की आदत थी
अब कैसे उसी मुख से

गाली बर्दास्त करूँ?
मैंने जो पाक मोहब्बत
की थी तुमसे
अब कैसे मैं उसे नफ़रत
में तब्दील करूँ?
अग्नि को शाक्षी मानकर
विवाह किया था तुमसे
अब कैसे मैं तलाक़ के कागज़
पर हस्ताक्षर करूँ?
ये मंगलसूत्र जो
तुमने गले में डाला था
अब कैसे मैं इसका
बहिष्कार करूँ?
ये सिंदूर जो मेरे माँग में
तुमने भरा था
अब कैसे मैं
उसका त्याग करूँ?

13. बिन सुहाग होली!

सुहाग का बादल कुछ यूं छटा कि ,
मेरा साजन होली के दिन शहीद हो गया|
रंगों से खेलने वाले दिवस पर,
मेरे मांग से सिंदूर उतर गया,
मेरा सुहाग मुझसे कुछ इस तरह छिन्न गया|
अब से होली पे वो घर कभी नहीं आएगा,
मालपूआ जो उसे पसंद है अब वो कभी नहीं खाएगा|
लेकिन होली का त्योहार तो हर साल आएगा,
मुझे मेरे पिया की याद में हर वर्ष सता जाएगा|
मातृ भूमि की रक्षा में वो लीन हो गया,
भगत सिंह की भाति वो भी अमर हो गया|
एक आतंगवादी के गोली का शिकार वो हो गया,
निर्दोषी था, फिर भी एक पापी उसका काल बन गया|

14. मोहब्बत

अब तक जो गुमनाम थी
मोहब्बत हमारी,
आज उसे मैं शब्दों में
बयां करती हूँ|
एक तरफ़ा ये जो
मोहब्बत थी मेरी,
आज उसे मैं दुनिया के सामने
स्वीकार करती हूँ|
तेरा हाथ थाम कर हर मंजिल
पार करना चाहती हूँ,
तुम्हें घंटों बस यूँही
देखते रहना चाहती हूँ|
तुम्हारे कंधे पे अपना सिर रख
सोना चाहती हूँ,
राधा जो कृष्ण से करती थीं
वैसा ही मोहब्बत में
तुमसे करना चाहती हूँ|
तुम्हारे तन से नहीं,
तुम्हारे मन से प्रेम करना चाहती हूँ,
दूरियों से भी जो कम ना हो,
वैसा इश्क़ करना चाहती हूँ |
अनंत से अनंत तक मैं
तुम्हारा साथ निभाना चाहती हूँ,

तुम्हारे दिल में मैं सात जन्मों
तक वास करना चाहती हूँ।
मोह और अहंकार त्याग
मैं सिर्फ तुमसे प्रेम करना चाहती हूँ,
सिया जो राम से करती थीं
वैसा ही मोहब्बत
मैं तुमसे करना चाहती हूँ।

15. जीने का हक़

बिन गलती कीये भी

क्या कोई सज़ा भुगतता है?

बिन गुनाह कीये भी

क्या कोई फासी चढ़ता है?

बिन पाप कीये भी

क्या कोई पापी कहलाता है?

बिन जुर्म कीये भी

क्या कोई जेल जाता है?

नहीं ना?

तो बिना कीये मेरे कोई अपराध,

तुमने मुझे क्यूँ खत्म कर दिया माँ?

जन्म लेने के पहले ही,

तूने जीने का हक़ कैसे छिन लिया माँ?

अपनी बेटी का गर्भ में वध करके,

तेरा हृदय क्यूँ नहीं काँपा माँ?

इस नन्ही जान की हत्या करके,

तू पूरी रात कैसे सोते रही माँ?

तुम एक क़त्ल करके भी,

आखिर जेल कैसे नहीं गई माँ?

और मैं बिन कीये गुनाह भी,

आखिर कैसे जान गवां बैठी माँ?

16. बेटा हूँ!

छोटे कंधों पे बोझ लिए,
आगे बढ़ रहा हूँ|
बिन एक शिकायत किए,
सब कुछ सहे जा रहा हूँ|
बिन डोली उठे ही,
मैं अब विदा हो रहा हूँ|
शहर से दूर
पढ़ने जा रहा हूँ,
परिवार से अब मैं
जुदा हो रहा हूँ|
कभी-कभी मैं टूटता हूँ,
कभी बिखरता हूँ,
लेकिन बिन रोए
सब कुछ सह रहा हूँ|
खाली जेब होने के बावजूद,
बच्चों की हर फरमाइश
पूरी कर रहा हूँ|
त्वनखा आधी मिलने के बवाजूद,
घर का राशन कम नहीं
होने दे रहा हूँ|
खुद के कपड़े
फटे होने के बावजूद,
पत्नी का नया सूट

सिल्वा रहा हूँ।
बिना उफ़ किए
सारी ज़िम्मेदारियाँ
पूर्ण करने की
कोशिश कर रहा हूँ।
परिवार की खुशी के लिए,
मैं अपना अस्तित्व
भूल चुका हूँ।

17. गुनहगार कौन?

ना ख़ता तेरी थी,
ना ख़ता मेरी थी,
तो आख़िर गुनहगार
कौन है?
हमारे रिश्ते में
आए इस दरार,
के पीछे आख़िर
जिम्मेदार कौन है ?
जब कोई गुनहगार
है ही नहीं,
तो दोषी मैं
ठहराऊँ किसको?
अपने मोहब्बत में
आए इस बदलाव के लिए
मैं कसूरवार ठहराऊँ किसको?
अगर जुर्म नहीं था
किसी का भी,
तो ये इश्क़ कैसे
सूली चढ़ गई?
दो प्रेमियों की
अनंत परिशुद्ध मोहब्बत,
आखिर कैसे नफ़रत में
तब्दील हो गई?

18. कोई मिला है

अंजान से एक व्यक्ति में जैसे,
अपना सा कोई मिला है।
जाड़े की अंधेरी रात में जैसे,
सुहानी धूप सा कोई मिला है।
सालों की बंजर जमीन पे जैसे,
बारिश की बूंदों सा कोई मिला है।
कई दिन से भूखे इंसान को जैसे,
छप्पन भोग सा कोई मिला है।
रोते हुए बालक के हाथ में जैसे,
नवीन खिलौने सा कोई मिला है।
सूर्य की कड़क धूप में जैसे,
पेड़ की छाँव सा कोई मिला है।
बिन कहे भी सब समझ जाए,
मुझे ऐसा एक व्यक्ति मिला है।
रिश्ता नहीं हमारा खून का फिर भी,
जान लूटा दे ऐसा एक यार मिला है।

19. बचपन

माँ के आँचल में एक बार
फिर सोना है,
छोटी- छोटी बातों पे एक बार
फिर रोना है।
दुनियादारी की समझ
नहीं थी जब,
उस बचपन में वापस
लौट जाना है।
ये बड़ों की दुनिया
बहुत जालिम है,
यहाँ निर्दोषी भी दोषी है।
यहाँ पैसों की जंग में,
हर व्यक्ति बना पापी है।
यहाँ लहू की धारा बहती है,
जब भाई- भाई में लड़ाई
जायजाद की होती है।
यहाँ अब कोई
करता नहीं है सच्चा प्यार,
पीड़ितों की कोई नहीं
सुनता यहाँ पुकार।
यहाँ जल रहे हैं
इरशिया के अग्नि में सभी,
दूसरों की तरक्की से

ये खुश नहीं होते कभी।
यहाँ जाती के नाम पर
लोग करते हैं भेदभाव,
गरीबों के साथ रहता है
इनका गलीज़ स्वभाव।
इसीलिए मुझे बचपन में
वापस लौट जाना है,
माँ के आँचल में एक बार
फिर सोना है,
छोटी-छोटी बातों पे एक बार
फिर रोना है।
दुनियादारी की समझ
नहीं थी जब,
उस बचपन में वापस
लौट जाना है।

20. अगर मोहब्बत है

मोहब्बत है
तो जता दो न,
अगर जो नहीं है,
तो साफ़- साफ़
बता दो न।
इश्क़ है तो
स्वीकार कर लो न,
अगर जो नहीं है,
तो ख़ुद से सदैव के लिए
दूर कर दो न।
फ़िक्र है मेरी तो
ख़्याल रखो न,
अगर जो नहीं है,
तो मुझे दर्द में तपड़ता
छोड़ दो न।
इज़्ज़त है मेरी तो
मेरा सम्मान करो न,
अगर जो नहीं है,
तो बीच चौराहे पे मुझे
अकेला छोड़ दो न।
भरोसा है मुझपे
तो एतबार करो न,
अगर जो नहीं है,

तो मुझे मेरे ही नज़रों में
दफ़्न कर दो न।
कोई रिश्ता है हमारे बीच तो
उसे स्वीकार करो न,
अगर जो नहीं है,
तो मुझे इस बंधन से
हमेशा के लिए मुक्त कर दो न।

21. कृष्ण कन्हैया

माखन चुराने वाला,
नटखट चोर है वो|
मईया को सताने वाला,
मनमोहक पुत्र है वो|
असुरओं का वध करने वाला,
सर्व शक्तिशाली है वो|
गोपियों संग रास रचाए,
अद्भुत रास रचइया है वो|
बाँसुरी की धुन से जो सबको मोह ले,
अप्रतिम बंसी- बजिया है वो|
राधा रानी से जो करता है परिशुद्ध प्रेम,
मथुरा में जन्मा कृष्ण कन्हैया है वो|
जन्मदिवस जिसका पूरा जग मनाए,
प्यार-सा लड्डू गोपाल है वो|